LOL: WER LACHT, VERLIERT!

DAS LOL SPIEL FÜR TEENAGER MIT 250 GENIALEN AKTIVITÄTEN, WITZEN & SPIELEN ZUM MITMACHEN

DIE BELIEBTE NICHT-LACHEN-CHALLENGE

LOL

Apollon Verlag

LOL

LOL-AUFGABENLISTE

Hast du schonmal…!? 12
Fitness-Randomizer 12
Die Jukebox-Parade 13
Der Heiratsantrag 13
Lieblingsbeschäftigung 13
Gesichts-Yoga 14
Strike! 14
Frühstücks-Rap 15
Verzerrter Spiegel 15
Selfie-Challenge 15
Blinder Picasso 16
Vom anderen Stern 16
Fischers Fritzchen 17
Der spontane Tanz 17
Der verrückte Dirigent 17
Mit vollem Mund spricht man nicht! 18
Sprach-Talent 18
Tanz den Song 19
Der unsichtbare Mitspieler 19
Der Rat des Philosophen 20
Die lebende Statue 20
Nasser Zungenbrecher 21
Der Geschichtenerzähler 21
Der Experten-Vortrag 21
Der Wetterreporter 22
Tierisch gut 22
Das Zeitlupen-Duell 23
Der Sportkommentator 23
Der Karikaturist 23
Der Alien-Gruß 24
Absurder Nachrichtensprecher 24
Seilspringen 25
Das wichtige Telefonat 25
Der sprechende Fuß 25
Der verrückte Kellner 26
Verkaufe mir das! 26
Die Roboter-Tanzparty 27
Frühstücks-Yoga 27
Gedankenlesen 27
Der peinliche Kunde 28

LOL-AUFGABENLISTE

Mein neues Haustier 28
Der Akrobat 29
Märchenstunde 29
Perspektivenwechsel 29
Die unerwartete Erfindung 30
Rate my dance 30
Schneiders Schere 31
Schmusekatze 31
Blaukraut 31
Superheld für einen Moment 32
Der feurige Jongleur 32
Mein schlimmster Job 33
Robbende Robben 33
Der große Raub 33
Potsdamer Postkutscher 34
Meme-Master 34
Das etwas schräge Haustier 35
Das komischste Gesicht 35
Nachahmungs-Profis 35
Münzwurf 36
Stummer Gesang 36
Dumm gelaufen 37
Schräger Werbespot 37
Funny Dreams 37
Limbo oder Wettrennen? 38
Influencer-Profi 38
Ungewöhnliche Sportart 39
Traumberuf 39
Mimikry-Profi 39
In der Boutique 40
Dirdy Dänzing 40
Spitznamen-Duell 41
Pinocchio-Syndrom 41
Mathe-Genie 41
Ist das Kunst oder kann das weg!? 42
Kommentator 42
Rollender Roller 43
Photobomb 43
Hallo Nachbarn! 43
Bundeskanzler-Wahl 44

LOL

Würfel-Randomizer 44
Comedy-Star 45
Sauer macht lustig! 45
Opern-Star 45
Stand-up-Profi 46
Litte Kitty 46
Fliegende Fliegen 47
Amerikaner an Board? 47
Prima Ballerina 47
Sprach-Genie 48
Schwarz-Rot-Gold 48
Poser-King 49
Spitznamen 49
Michael Jackson lebt! 49
Kuschel- oder Jongliertraining? 50
Nostradamus-Effekt 50
Münz-Akrobat 51
Mein schönstes Profilbild 51
Luft-Gitarren-Profi 51
Verschwindibus 52
Der stille Mönch 52
Geister-Beschwörung 53
Tierischer Sound 53
Es liegt Magic in der Luft! 54
Bauchtanz 54
Echter Fußballprofi? 55
Die Kochshow 55
Die große Verwandlung 56
Karaoke-Star 56
Der berühmte Schuh 57
Klapperschlangen 57
Die Zombie-Apokalypse 57
Make-me-move 58
Storymix 58
Breakdance 59
Der gesprächige Pinguin 59
Der Papagei 59
Die Wortkette 60
Wortakrobatik 60
Das Pfeif-Konzert 61
Singe meinen Song 61
Meine Botschaft 61
Auge oder Ohr? 62
Pantomime-Star 62
Buchstabensalat 63
Freezy Moment 63
Zahme Ziegen 63
Wahrheit oder Pflicht? 64

Wer wird Milliardär? 64
Gesichtsausdrücke imitieren 65
Verrückter Fitnesstrainer 65
Starring-Contest 65
Ja-Nein-Verbot 66
Stets in Bewegung 67
Mit den Händen sehen 67
Blinder Chat 67
Aus dem Bett gefallen 68
Silly Walks 68
Der Schnarchsong 69
Flotter Van Gogh 69
Funny Pics 69
Des Rätsels Lösung 70
Selbstporträt 70
Schattenspiele 71
Immer in Balance 71
Bist du kitzelig? 71
Hokus Pokus – Jetzt ist Schluss … mit lustig! 72
It's Facetime! 73
Gruppen-Selfie 73
Seifenblasen-Challenge 73
Stille Post 74
Schul-Randomizer 74
Und der Oskar geht an … 75
La-Ola-Welle 75
Reim-Challenge 75
Der flotte Metzger 76
Sprechende Hände 76
Es ist immer Zeit für Sauberkeit! 77
Das Regelwerk 77
Seilziehen 77
Babyfon 78
Spiegelgespräch 78
Zeitlupen-Trick 79
Real Moonwalk 79
Traust du dich!? 79
Unsichtbarer Hund 80
Bücher-Balance 80
Voll kindisch! 81
Geistesblitz 81
Excuse me 81
Schwimmabzeichen 82
Eiskunstlauf 82
Links rein – rechts wieder raus 83
Schluckauf Ahoi! 83

LOL

Ein lauter Knall 83
Lippenakrobat 84
Wer hat gesprochen? 84
Das Schuhphone 85
Eine rutschige Angelegenheit 85
Dein Zwilling 85
Das vergessene „R“ 86
Lachen erlaubt!? 86
Verkehrte Welt 87
Let’s get ready to rumble! 87
Dein neues Buch 87
Im Freizeitpark 88
Tanzender Flamingo 88
Die Gurgler 89
Hula-Hoop 89
Heiliges Kanonenrohr 89
Klatschwettbewerb 90
Lieblingslehrer 90
Das Hausferkel 91
Ommm! 91
Telepathie pur! 91
Funny Ghosts 92
Schamanismus 92
Einfach liegen 93
Das Gruppenbild 93
Flacher geht’s nicht 93
Achtung: Heiße Kartoffel! 94
It‘s Pizzatime! 94
Im Trockenen 95
Der Elefanten-Walk 95
Misslungener Handshake 96
Ich hab noch nie… 96
Welches Tier bin ich? 97
Das Kreuzverhör 97
Da Vincis Erbe 97
Was war zuerst da? 98
Das Schneckenrennen 98
Erkenntnisse 99
Griechische Götter 99
Die seltene Skulptur 99
Seltsame Geräusche 100
Der dicke Dachdecker 100
Zwei Wahrheiten und eine Lüge 101
Rollenspiel 101
Jaaa-woll! 101
Voll am Slacken 102
Die große Frage 102
Tele-Pantomime 103

Nimm 2 ... 103
Flachwitz-Challenge ... 103
Das Bowling-Finale ... 104
KI-Imitator ... 104
Vorsicht, bissiger Hund! ... 105
Deine schlimmste Urlaubsgeschichte ... 106
Der Bierbrauer ... 106
Hole-in-one! ... 107
Oh nein, wie peinlich! ... 107
Young-Randomizer ... 108
Eine geniale Idee ... 108
Stiller Beruf ... 108
Formel 1 ... 109
Alles ist ein Mikrofon ... 110
Der fliegende Reporter ... 110
Heidi ... 110
Reise nach Jerusalem ... 111
Lippenlesen ... 111
Die nervige Fliege ... 112
Milchstraßen-Dance ... 112
#Selfiestyle ... 112
Wahre Kunst ... 113
Bitte nicht lachen! ... 113
Liebes Tagebuch ... 114
Ich packe meinen Koffer ... 114
Das Gruppen Portrait ... 115
Wer bin ich? ... 115
Das verrückte ABC ... 116
Rollentausch ... 116

ANLEITUNG

1. **SPIELERANZAHL**
   Mindestens 2 Spieler sind erforderlich.

2. **SPIELABLAUF**
   Die Spieler suchen sich der Reihe nach aus der LOL-Aufgabenliste eine Aufgabe aus, ohne sich diese im Buch vorher anzuschauen.
   So bleibt es eine Überraschung!

3. **SPIELZEIT**
   Entweder es wird eine feste Spielzeit festgelegt oder es wird so lange gespielt, bis alle Spieler ausgeschieden sind und nur noch eine Person übrig bleibt.

4. **LACHEN VERBOTEN**
   Lachen und auch Schmunzeln sind während des gesamten Spiels verboten. Jeder Spieler hat zwei Leben. Wer lacht, verliert ein Leben. Wer beide Leben verloren hat, scheidet aus dem Spiel.

5. **ACHTUNG**
   Wenn du eine Aufgabe mit dem **PSST-Emoji** siehst, musst du diese leise für dich selbst lesen, ohne dass deine Mitspieler hören, worum es in der Aufgabe geht. Dann führst du diese Aufgabe wie beschrieben durch.

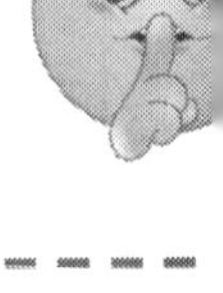

Hast du schonmal...!?

Du stellst deinen Mitspielern drei Fragen, auf die sie ehrlich mit „Ja“ oder „Nein“ antworten müssen.

Wenn die Antwort „Nein“ ist, müssen sie einen Hampelmann machen. Bei „Ja“ müssen sie still sitzen bleiben.

Die drei Fragen:

„Habt ihr schonmal während des Unterrichts geschlafen?“

„Habt ihr euch schon mal in eine Person aus eurer Klasse verliebt?“

„Habt ihr schonmal saure Milch getrunken und es hat euch geschmeckt?“

Fitness-Randomizer

Ein Mitspieler deiner Wahl muss so viele Liegestütze machen, wie er kann.

Anschließend musst du die Anzahl seiner erreichten Liegestütze nach vorne blättern und die Aufgabe auf dieser Seite machen.

Beispiel

Dein Mitspieler schafft 20 Liegestütze, dann blättere 20 Seiten nach vorne und suche dir eine Aufgabe auf dieser Seite aus.

Die Jukebox-Parade

Deine Mitspieler nennen drei Wörter und du verwendest diese in einem Lied, das du dir spontan dazu ausdenkst.

Der Heiratsantrag

Du nimmst irgendeinen Gegenstand und machst damit einem Mitspieler einen liebevollen Heiratsantrag.

Dabei bist du natürlich völlig verliebt und schwebst auf Wolke 7.

Lieblingsbeschäftigung

Führe deinen Mitspielern deine Lieblingsbeschäftigung vor, ohne dabei zu reden. Deine Mitspieler müssen erraten, worum es sich dabei handelt.

GESICHTS-YOGA

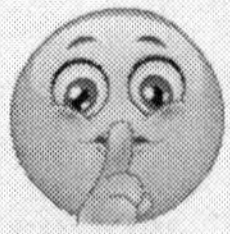

Sage deinen Mitspielern, dass du vor Prüfungen in der Schule immer Gesichts-Yoga machst und du dadurch immer nur gute Noten schreibst. Dann zeigst du es ihnen.

Du ziehst dabei an deinen Ohrläppchen und jedes Mal, wenn du an ihnen ziehst, plusterst du deine Wangen auf, schielst oder rollst mit den Augen und streckst dabei die Zunge raus.

Wenn du fertig bist sagst du, dass du es mit dieser Technik bis zum Doktor-Titel schaffen wirst.

STRIKE!

Alle deine Mitspieler tun so als wären sie Kegel und stellen sich nebeneinander auf.

Du bist nun der Bowlingprofi und wirfst mit deiner Kugel einen Strike.

Dabei fallen alle Spieler wie Kegel zu Boden und du rufst laut „Strike!“

Frühstücks-Rap

Rappe deinen Mitspielern vor, was du heute gefrühstückt hast und wie es dir geschmeckt hat.

Lasse dabei keine Einzelheit aus und gestikuliere wie ein richtiger Gangster-Rapper.

Verzerrter Spiegel

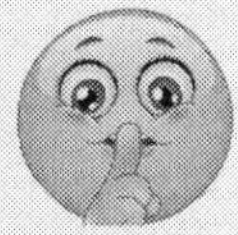

Stehe auf und stelle oder setze dich vor einen Mitspieler.

Dann beginnst du ihn für eine Minute lang zu imitieren. Dabei darfst du gerne etwas übertreiben! :)

Selfie-Challenge

Alle Mitspieler machen mit ihren Smartphones ein lustiges und verrücktes Selfie von sich.

Dann vergleicht ihr die Selfies miteinander so, als wären es teure Bilder eines Künstlers und kürt dabei das Sieger-Selfie

Blinder Picasso

Du sagst deinen Mitspielern, dass du nun mit deinen Fingern etwas in die Luft zeichnen wirst und sie müssen erraten, was es ist.

Dann schließt du die Augen und beginnst damit, eine Banane zu zeichnen.

Wenn du fertig bist, isst du die unsichtbare Banane und machst einen Affen nach.

Vom anderen Stern

Du erklärst deinen Mitspielern, dass du eigentlich von einem anderen Stern kommst und nur als Besucher auf der Erde bist.

Dann sagst du ihnen, dass du eine wichtige Botschaft für sie hast.

Diese erklärst du ihnen natürlich in deiner Alien-Sprache, die du dir dazu ausdenkst!

Fischers Fritzchen

Lies den folgenden Zungenbrecher 5 x so schnell wie möglich hintereinander vor:

„Fischers Fritze fischt frische Fische, frische Fische fischt Fischers Fritze."

Der spontane Tanz

Der jüngste Mitspieler darf sich ein Lied aussuchen, zu dem du eine Minute lang tanzen musst.

Der verrückte Dirigent

Du bist der Dirigent eines unsichtbaren Orchesters.

Dirigiere leidenschaftlich und übertrieben zu einem bekannten Musikstück, das sich die anderen Mitspieler für dich aussuchen.

Mit vollem Mund spricht man nicht!

Du nimmst einen Schluck Wasser oder Saft und sagst deinen Mitspielern den folgenden Satz auf:

„Ihr solltet wirklich wissen, dass man mit vollem Mund nicht sprechen sollte, denn dabei kann schnell etwas daneben gehen!"

Sprach-Talent

Du sagst deinen Mitspielern, dass du jede Sprache auf der Welt beherrscht.

Suche dir mindestens einen Mitspieler aus, der dir dann einen Satz nennt und eine Sprache, in die du den Satz übersetzen sollst.

Das machst du doch bestimmt mit Links, du Sprachgenie! :)

TANZ DEN SONG

Du wählst jemanden aus der Gruppe aus, der ein zufälliges Lied aussucht.

Zu diesem Lied tanzt du dann so, als wärst du ein Background-Tänzer auf einem Konzert.

DER UNSICHTBARE MITSPIELER

Du sagst deinen Mitspielern, dass dein unsichtbarer Freund heute auch dabei ist und gerne mitspielen möchte.

Dann erzählt dir dein unsichtbarer Freund einen Witz, den du mit deinen Mitspielern teilen sollst. Sage ihnen, dass er an diesem Witz fast ein Jahr lang getüftelt hat.

Diesen Witz sollst du mit der Gruppe teilen:

„Wie nennt man einen Bumerang, der nicht zurückkommt? Ein Stock!"

Der Rat des Philosophen

Du sagst deinen Mitspielern, dass du eine Zeitreise über 2000 Jahre zurück zum Philosophen Platon gemacht hast.

Dieser hat dich mit einem sehr weisen Rat zurück zur Menschheit geschickt, den du deinen Mitspielern nun verkünden wirst:

„Kräht der Hahn auf dem Mist, ändert sich das Wetter oder es bleibt so, wie es ist!“

Die lebende Statue

Verhalte dich für die komplette nächste Runde wie eine Statue.

Währenddessen darfst du dich nicht bewegen und nicht sprechen.

Erst wenn die nächste Runde vorbei ist, darfst du wieder lebendig werden.

Nasser Zungenbrecher

Nehme einen Schluck Wasser oder Saft und sage die folgenden drei Zungenbrecher auf:

„Lang schwang der Klang am Hang entlang."

„Fünf Ferkel fressen frisches Futter."

„Hans hört hinterm Holzhaus Hubert Hansen heiser husten."

Der Geschichtenerzähler

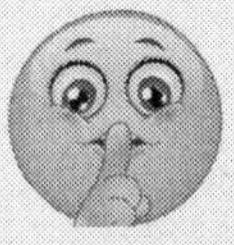

Erzähle deinen Mitspielern eine Geschichte, die mit dem Satz „Es war einmal eine Giraffe mit seinem sehr kurzen Hals..." beginnt.

Du hast 2 Minuten Zeit, um die anderen zum Lachen zu bringen.

Der Experten-Vortrag

Du bist ein verrückter Professor und hältst einen kurzen Vortrag als wärst du ein Experte auf diesem Gebiet.

Das Thema: „Die positive Wirkung von Fürzen auf Zimmerpflanzen".

DER WETTERREPORTER

Du bist ein Wetterreporter, der von einem sehr ungewöhnlichen Wetterbericht berichtet.

Beginne mit dem folgenden Satz und denke dir noch zusätzlich ein paar weitere lustige Ereignisse aus:

„Am Himmel sind fliegende Schweine zu sehen und es regnet Bonbons …“

TIERISCH GUT

Suche dir einen
Mitspieler aus und stelle die folgende Frage:

„Würdest du lieber mit einem Krokodil Zahnpflege-Tipps austauschen oder mit einer Qualle einen Tanzwettbewerb veranstalten?“

Wenn „Krokodil“ die Antwort ist fragst du, welche Tipps das Krokodil bekommen würde.

Wenn „Qualle“ die Antwort ist, soll der Mitspieler den Tanz vorführen, mit dem er gegen die Qualle antreten würde.

Das Zeitlupen-Duell

Suche dir einen Mitspieler aus, mit dem du ein imaginäres Cowboy-Duell spielst.

Bei diesem Duell muss alles in Zeitlupe passieren, vom Ziehen der Waffe bis zu dem Moment, wo der Verlierer zu Boden fällt.

Der Sportkommentator

Du bist ein Sportkommentator und wählst einen Mitspieler aus. Die Aufgabe ist, drei Purzelbäume zu machen.

Kommentiere die Bewegungen deines Mitspielers wie ein Sportkommentator während eines sehr spannenden Finales.

Der Karikaturist

Zeichne eine schnelle und übertriebene Skizze von einem anderen Mitspieler.

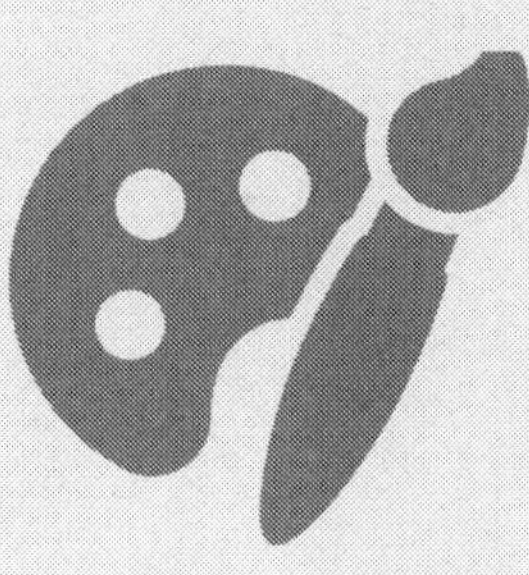

Du hast 1 Minute Zeit dafür, bevor du sie allen anderen präsentieren musst.

DER ALIEN-GRUß

Erzähle deinen Mitspielern, dass du eine seltsame und komische Grußgeste erfunden hast.

Mit dieser möchtest du die Außerirdischen begrüßen, wenn sie das erste Mal die Erde besuchen.

Zeige deinen Mitspielern, wie du die Außerirdischen begrüßen würdest und denke dir dazu auch einen lustigen Satz aus.

ABSURDER NACHRICHTENSPRECHER

Du spielst einen Nachrichtensprecher und suchst dir einen anderen Mitspieler aus, der den Korrespondenten spielt.

Dazu nehmt ihr euch zwei Gegenstände, die ihr als Mikrofon benutzt.

Nun führt ihr beide ein ernsthaftes Gespräch darüber, dass ein Meerschweinchen aus einem Frankfurter Zoo ausgebrochen ist und die Stadt auf den Kopf stellt.

Seilspringen

Stelle dich hin und mache Seilspringen ohne Seil.

Die anderen Mitspieler suchen vorher einen lustigen Song aus, zu dem du die Aktion durchführen musst.

Wenn das Lied vorbei ist, kannst du aufhören.

Das wichtige Telefonat

Führe für eine Minute ein sehr wichtiges Telefonat in einer neuen Sprache, die du komplett erfunden hast.

Der sprechende Fuß

Führe ein kurzes Gespräch mit deinem Fuß.

Bewege ihn dabei und lasse ihn sprechen wie eine Handpuppe.

Der verrückte Kellner

Du spielst einen verrückten Kellner in einem Restaurant.

Suche dir einen Mitspieler aus, der den Gast spielt und dem du als Gericht nur eine Erbse auf einem Teller servierst.

Beachte dabei, dass der Gast bei der Bestellung des Gerichts nicht die beste Laune hatte und sehr hungrig gewirkt hat.

Verkaufe mir das!

Suche dir irgendeinen langweiligen Gegenstand aus.

Diesen musst du deinen Mitspielern als das erstaunlichste und genialste Produkt verkaufen, das man sich vorstellen kann.

Wenn dir niemand dein tolles Produkt abkaufen möchte, dann sagst du mit trauriger Stimme: „Dann kaufe ich es eben selbst!“.

Die Roboter-Tanzparty

Führe 30 Sekunden lang einen Roboter-Tanz durch.

Du darfst dazu ein Lied auswählen, das im Hintergrund läuft.

Frühstücks-Yoga

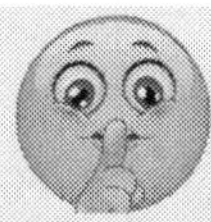

Denke dir eine lustige und ungewöhnliche Yoga-Pose aus.

Zeige sie den anderen und erkläre dabei, dass du sie jeden Morgen vor dem Frühstück machst.

Gedankenlesen

Wähle einen Mitspieler aus der Gruppe und sage ihm, dass du seine Gedanken lesen kannst.

Berichte allen, was er/sie gerade denkt.

Deiner Fantasie sind dabei natürlich keine Grenzen gesetzt! :)

Der peinliche Kunde

Du spielst einen peinlichen Kunden und suchst dir eine andere Person aus, die einen Dönerverkäufer spielt.

Du beschwerst dich darüber, dass der Döner zu scharf ist und deshalb kannst du auch nicht mehr richtig sprechen.

Wenn der Verkäufer dir das Geld nicht zurückgeben will, verlässt du weinend den Laden.

Mein neues Haustier

Du erzählst deinen Mitspielern, dass du ein neues und total verrücktes Haustier hast.

Damit sie sich davon ein Bild machen können, zeichnest du dein neues Haustier auf ein Blatt Papier auf und zeigst es ihnen.

Lasse deiner Fantasie dabei freien Lauf!

Der Akrobat

Mache einen
Purzelbaum, während du den folgenden Satz sagst:

„Acht alte Ameisen aßen am Abend Ananas.“

Märchenstunde

Du erfindest ein kurzes Märchen ohne Happy End. Dabei sollen alle Mitspieler darin vorkommen.

Perspektivenwechsel

Suche einen Gegenstand aus dem Raum aus und tu so, als ob du dieser wärst.

Nun führst du laut ein kurzes Selbstgespräch durch.

Was könnte dieser Gegenstand über dich und die anderen Mitspieler denken?

Die unerwartete Erfindung

Erzähle deinen Mitspielern, dass du eine neue Erfindung gemacht hast.

Dabei handelt sich es sich um eine solarbetriebene Taschenlampe.

Sage ihnen, dass es der neue große Trend sein wird und dann bewirbst du sie mit den folgenden Worten:

„Habt ihr es auch satt, bei grellem Sonnenschein nicht genug Licht zu haben? Mit dieser genialen Erfindung wird die sonnigste Nacht zum strahlenden Tag!"

Rate my dance

Du sagst deinen
Mitspielern, dass du die letzten 6 Monate heimlich einen neuen Tanz einstudiert hast und sie diesen von einer Skala von 1 bis 10 bewerten sollen.

Dann führst du einen total schrägen Tanz vor und wenn du möchtest, darfst du dabei natürlich auch passend singen.

Danach sollen die Mitspieler deinen Tanz bewerten.

Schneiders Schere

Sage den folgenden Zungenbrecher 5-mal laut und schnell hintereinander auf:

„Schneiders Schere schneidet scharf. Scharf schneidet Schneiders Schere."

Schmusekatze

Verhalte dich für 2 Minuten wie eine Katze.

Schnurre dabei und reibe dich an einem Mitspieler deiner Wahl.

Streicheln ist ausdrücklich erwünscht! :)

Blaukraut

Lies den folgenden Zungenbrecher 5 x so schnell wie möglich hintereinander vor:

„Blaukraut bleibt Blaukraut und Brautkleid bleibt Brautkleid."

SUPERHELD FÜR EINEN MOMENT

Du bist endlich ein Superheld! Welcher? Das darfst du dir selbst aussuchen!

Spiele eine Szene nach, in der du als Superheld die Welt rettest.

Die Menschheit zählt auf dich!

Lasse deiner Fantasie dabei freien Lauf!

DER FEURIGE JONGLEUR

Du erzählst deinen Mitspielern,
dass du jetzt mit unsichtbaren Gegenständen jonglierst, die immer größer werden, bis es irgendwann Elefanten sind.

Deinem Gesicht und deinen Körperbewegungen sind die Strapazen dabei natürlich voll anzusehen. :)

MEIN SCHLIMMSTER JOB

Du erzählst deinen Mitspielern, dass du mal Lehrer warst.

Dann denkst du dir eine völlig verrückte Geschichte aus, die du während einer Unterrichtsstunde erlebt hast und erzählst sie ihnen.

ROBBENDE ROBBEN

Lies den folgenden Zungenbrecher 3 x so schnell wie möglich hintereinander vor.

Wenn du es fehlerfrei schaffst, müssen alle anderen Mitspieler 10 Hampelmänner machen:

„Wenn hinter Robben Robben robben, robben Robben Robben nach."

DER GROSSE RAUB

Dir wurden deine Socken geklaut!

Erzähle nun deinen Mitspielern, dass dir heute Morgen etwas geklaut wurde und sie müssen erraten, was es ist.

Dabei darfst du die Wörter „Socken", „Füße" und „Strümpfe" nicht verwenden.

Potsdamer Postkutscher

Lies den folgenden Zungenbrecher 3 x so schnell wie möglich hintereinander vor.

Wenn du es fehlerfrei schaffst, muss ein Mitspieler deiner Wahl 10 Liegestütze machen:

„Der Potsdamer Postkutscher putzt den Potsdamer Postkutschkasten."

Meme-Master

Alle Mitspieler suchen sich auf ihrem Smartphone das lustigste Meme aus, das sie sich gespeichert haben (egal ob Video oder Bild).

Im Anschluss zeigt ihr euch alle gegenseitig eure lustigsten Memes.

Und denkt daran: Nicht lachen! :)

Das etwas schräge Haustier

Alle Mitspieler beschreiben ein ungewöhnliches Haustier, das sie gerne zu Hause haben würden und nennen dabei eine lustige Sache, die das Haustier machen kann.

Das komischste Gesicht

Alle Mitspieler müssen nacheinander die lustigste Grimasse machen, die sie können.

Dabei müssen sie ihren Vor- und Nachnamen rückwärts buchstabieren.

Nachahmungs-Profis

Alle Mitspieler müssen hintereinander die Stimme von einem der Mitspieler nachmachen und dabei kurz erzählen, wie ihr Tag so gelaufen ist.

MÜNZWURF

Wirf für jeden Mitspieler einmal eine Münze:

Bei Kopf: Muss der Mitspieler einen schlechten Witz erzählen.

Bei Zahl: Muss der Münzwurf wiederholt werden.

Für jeden Mitspieler muss die Münze mindestens ein Mal geworfen werden. Zum Schluss bist du dran und wirfst sie für dich selbst.

STUMMER GESANG

Sage deinen Mitspielern, dass du ihnen nun ein bekanntes Lied vorsingen wirst und sie erraten müssen, welches das ist.

Dabei singst du natürlich nicht wirklich, sondern bewegst nur die Lippen! Du gibst dein Bestes und lässt deinen Emotionen freien Lauf.

Sie müssen anhand deiner Lippen und deiner Gestik erraten, um welchen Song es sich handelt.

Dumm gelaufen

Jeder Mitspieler muss einmal so komisch und unsinnig laufen, wie er kann.

Die anderen schauen dabei zu und geben der Person dafür Beifall.

Schräger Werbespot

Suche dir einen Mitspieler aus, mit dem du irgendeinen langweiligen Gegenstand so bewirbst, als sei es die nächste große Erfindung.

Dabei wirkt ihr jedoch so gelangweilt, wie es nur geht.

Funny Dreams

Alle Mitspieler erzählen sich nacheinander von ihrem merkwürdigsten oder lustigsten Traum, den sie je hatten.

Limbo oder Wettrennen?

Suche dir einen Mitspieler aus und stelle die folgende Frage:

„Würdest du lieber mit einer Giraffe Limbo tanzen oder mit einem Faultier ein Wettrennen machen?"

Wenn „Giraffe" die Antwort ist, soll der Mitspieler zeigen, wie er gegen die Giraffe Limbo tanzen würde.

Wenn „Faultier" die Antwort ist, soll der Mitspieler das Rennen ohne das Faultier für eine kurze Strecke nachmachen.

Influencer-Profi

Wähle einen Mitspieler, der etwas Lustiges auf einer Social Media-Plattform (bspw. Instagram, TikTok, Facebook etc.) mit deinem Smartphone postet.

Die anderen Mitspieler dürfen das liken und kommentieren.

Bis zum Ende des Spiels darfst du diesen Post nicht löschen.

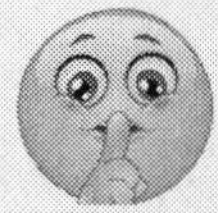

UNGEWÖHNLICHE SPORTART

Erfinde eine neue Sportart, die völlig unnötig ist und dazu auch noch total langweilig.

Beschreibe sie deinen Mitspielern und erzähle ihnen, dass du bei der nächsten Olympiade mit deiner neuen Sportart antreten wirst.

TRAUMBERUF

Alle Mitspieler erfinden nacheinander einen absolut lustigen Beruf und beschreiben, wie ihr Arbeitsalltag so aussieht.

Beispiel: „Professioneller Steinumdreher: Geht den ganzen Tag durch die Gegend und dreht Steine um, damit er sieht, was sich darunter befindet."

MIMIKRY-PROFI

Schaue jedem deiner Mitspieler für ein paar Sekunden ins Gesicht und versuche dabei, sie so gut wie möglich nachzumachen.

In der Boutique

Du erzählst deinen Mitspielern, dass du letztens in einem Modegeschäft warst und dort etwas Spannendes beobachtet hast:

„Gertrud Graumann glaubt Gisela greift nach grauen Gürteln. Nach grauen Gürteln greift Gisela glaubt Gertrud Graumann.“

Dirdy Dänzing

Du erzählst deinen Mitspielern von deiner wahren Berufung: Du bist Tanzlehrer/in!

Mache ein Lied deiner Wahl an und zeige deinen Mitspielern, wie man zu diesem Lied tanzen muss!

Danach tanzen alle Mitspieler eine Minute lang gemeinsam mit dir zu diesem Lied.

SPITZNAMEN-DUELL

Alle Mitspieler erfinden einen lustigen Spitznamen für sich selbst und stellen sich den anderen Mitspielern damit kurz vor.

PINOCCHIO-SYNDROM

Jeder Mitspieler erfindet eine total unglaubwürdige Lüge über sich selbst und erzählt sie den anderen.

MATHE-GENIE

Zähle von -1 bis 10 und tue dabei so, als würdest du niesen.

IST DAS KUNST ODER KANN DAS WEG!?

Du bittest deine Mitspieler, ein Foto mit dem Smartphone von dir zu machen.

Dieses Foto dürfen sie dann 1 Minute lang bearbeiten und zeigen es dir.

Du musst dieses Kunstwerk dann bewerten. Ist es Kunst? :)

KOMMENTATOR

Kennst du die Fußball-Kommentatoren, die während Fußball-Spielen immer sehr leidenschaftlich das Spielgeschehen kommentieren?

Für die nächste Runde bist du Fußball-Kommentator/in und kommentierst alles, was währenddessen passiert!

Mal schauen, vielleicht hören wir dich beim nächsten großen WM-Finale!? :)

Rollender Roller

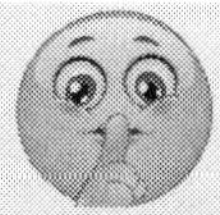

Lege dich auf den Boden und rolle dich hin und her.

Wenn dich jemand anspricht, sagst du:

„Alles gut, ich wollte nur kurz schauen, wie sich ein Fusselroller fühlt."

Photobomb

Zeige den anderen Mitspielern ein wirklich peinliches Foto von dir.

Wenn du keines hast, dann gehe kurz in einen anderen Raum und mache ein lustiges Selfie, das du ihnen zeigst.

Hallo Nachbarn!

Rufe aus dem Fenster:

„Ich heiße (Name) und esse gerne Nudeln mit Nutella!"

Bundeskanzler-Wahl

Du hast die Wahl gewonnen und bist neue Bundeskanzlerin, herzlichen Glückwunsch!

Doch was ist ein Wahlsieg ohne Rede?

Nimm einen kleinen Schluck Wasser/ Saft und behalte es im Mund.

Dann führst du eine 30 Sekunden lange Siegesrede.

Dabei ist dir der Stolz voll anzusehen! :)

Würfel-Randomizer

Besorge dir einen Würfel und würfle eine Zahl.

Nachdem du gewürfelt hast, musst du die Anzahl der Augen auf dem Würfel zurückblättern und die Aufgabe machen, die auf dieser Seite erscheint.

Beispiel: Du würfelst eine 4 und musst anschließend 4 Seiten zurückblättern.

COMEDY-STAR

Erzähle den anderen Mitspielern einen Witz, bei dem die Wörter „Gurke“ und „Mount Everest“ vorkommen.

SAUER MACHT LUSTIG!

Du sagst deinen Mitspielern, dass du gleich so tun wirst, als würdest du etwas essen und sie müssen erraten, was es ist.

Dann tust du so, als ob du in eine saftige Zitronenscheibe beißt und es dir köstlich schmeckt.

OPERN-STAR

Singe das Alphabet mit deiner schönsten Opernstimme und gestikuliere dabei mit deinen Händen wie ein Opernsänger.

Stand-up-Profi

Du erzählst deinen Mitspielern, dass du der lustigste Comedian bist und ihnen nun deine drei besten Witze erzählen möchtest, die dich weltberühmt gemacht haben.

Diese drei Witze erzählst du deinen Mitspielern:

„Wer lebt im Dschungel und schummelt dauernd? – Mogli“

„Was hat vier Beine und kann fliegen? – Zwei Vögel

„Egal wie es euch jetzt geht – Bill Gates besser!“

Am Ende bedankst du dich danach so, als würden sie dir Standing Ovations geben

Litte Kitty

Sage einem Mitspieler, dass er dir ein paar Mal über deinen Kopf oder die Schulter streicheln soll.

In dieser Zeit miaust du wie ein kleines Kätzchen.

FLIEGENDE FLIEGEN

Lies den folgenden Zungenbrecher 5 x so schnell wie möglich hintereinander vor, während du dich gleichzeitig im Kreis drehst:

„Wenn Fliegen hinter Fliegen fliegen, fliegen Fliegen Fliegen nach."

AMERIKANER AN BOARD?

Für die nächste Runde sprichst du mit amerikanischem Akzent!

Du darfst gerne auch etwas übertreiben und deinen Mitspielern zeigen, wie gut du parodieren kannst. :)

PRIMA BALLERINA

Tanze zu einem Hip-Hop-Lied 30 Sekunden lang wie eine Prima Ballerina.

Überzeuge deine Mitspieler von deinem Ballett-Talent!

SPRACH-GENIE

Erzähle deinen Mitspielern, dass du eine neue Sprache entwickelt hast.

Du liest ihnen dann den folgenden Satz vor und streckst dabei deine Zunge aus dem Mund:

„Früh in der Frische fischen Fischer frische Fische in der Fischach."

SCHWARZ-ROT-GOLD

Stelle deinen Mitspielern die folgende Frage und wer sie richtig beantwortet, darf die nächste Aufgabe aussuchen.

Frage: „Was ist Schwarz, Rot, Gold und fliegt in der Luft herum?"

Antwort: „Ein Marienkäfer mit Goldzahn."

POSER-KING

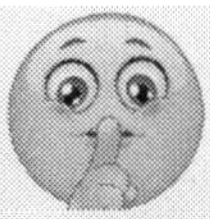

Pose für 15 Sekunden wie ein waschechter Bodybuilder!

Am Ende küsst du dabei deinen angespannten Bizeps und fragst, ob jemand von deinen Mitspielern Autogramme von dir haben möchte.

SPITZNAMEN

Alle Mitspieler erzählen nacheinander, welchen Spitznamen sie von ihren Eltern oder Großeltern bekommen haben.

MICHAEL JACKSON LEBT!

Was alle immer vermutet haben, bewahrheitet sich jetzt endlich: Du bist die Wiedergeburt von Michael Jackson!

Zeige deinen Mitspielern den besten Moonwalk, den sie je gesehen haben!

Kuschel- oder Jongliertraining?

Stelle deinen Mitspielern die folgende Frage:

„Würdest du lieber mit einem Igel trainieren, wie man kuschelt oder einem Tintenfisch das Jonglieren beibringen?“

Alle Mitspieler müssen jetzt nacheinander darauf antworten und ihre Antwort begründen.

Nostradamus-Effekt

Erzähle deinen Mitspielern, dass du der berühmte Hellseher Nostradamus bist.

Nun darf dir jeder eine Frage stellen und du wirst die Zukunft total verrückt vorhersagen.

Mal schauen, vielleicht trifft es ja wirklich ein? :)

MÜNZ-AKROBAT

Jeder Mitspieler legt sich nacheinander eine Münze auf den Ellenbogen und versucht, diese mit der Hand zu fangen.

Fortgeschrittene dürfen dieses Kunststück natürlich auch mit mehreren Münzen versuchen. :)

MEIN SCHÖNSTES PROFILBILD

Deine Mitspieler dürfen mit deinem Smartphone ein Bild von dir machen, das du auf WhatsApp bis zum Ende des Spiels als Profilbild einstellst.

LUFT-GITARREN-PROFI

Zeit für eine musikalische Einlage!

Schnapp dir deine unsichtbare Gitarre und zeige deinen Mitspielern das beste Luftgitarren-Solo, das du kannst!

VERSCHWINDIBUS

Erzähle deinen Mitspielern, dass du die Superkraft besitzt, dich unsichtbar zu machen.

Dann sagst du einen lustigen Zauberspruch auf und tust so, als wärst du unsichtbar.

Jetzt machst du etwas total Lustiges und schnippst danach mit deinen Fingern, um dich wieder sichtbar zu machen.

Nun sagst du ihnen du bist froh, dass sie nicht sehen konnten, was du gemacht hast.

DER STILLE MÖNCH

Für die nächsten zwei Runden bist du raus und deine Aufgabe ist es, dich still in eine Ecke zu setzen und zu meditieren.

Geister-Beschwörung

Alle Mitspieler halten sich an den Händen und beschwören den Geist des Humors.

Aber du nicht, denn du liest dabei den Spruch vor, den die anderen Gruppenmitglieder aufsagen müssen:

„Wir sprechen zu dir, du lustiger Geist des Humors. Bitte erscheine uns und bringe uns dabei nicht zum Lachen! Wir warten, bis du dich uns zeigst, du alte Spaßkanone, aber verschone bitte unsere Lachmuskeln!“

Jetzt erschreckst du die anderen Mitspieler und schaust, ob sich jemand vor Schreck kaputtlacht! :)

Tierischer Sound

Jeder Mitspieler denkt sich ein Tier aus und macht dieses mit Geräuschen nach.

Die anderen müssen erraten, um welches Tier es sich handelt.

Es liegt Magic in der Luft!

So du alter Houdini: Erzähle deinen Mitspielern, dass du eine Zauberschule besuchst und ihnen deine beiden neuen Zaubertricks demonstrieren möchtest.

Du nimmst nacheinander zwei kleine Gegenstände (z.B. Stift, Münze etc.) in die Hand und tust so, als würdest du diese wegzaubern.

Dabei stellst du dich absichtlich dusselig an und tust trotzdem so, als wärst du der größte Zauberer.

Danach verneigst du dich vor deinem Publikum und forderst Applaus ein!

Bauchtanz

Erzähle deinen Mitspielern von deinem neuen geheimen Hobby: Dem Bauchtanzen!

Das möchtest du ihnen natürlich auch unbedingt demonstrieren.

Mache auf dem Smartphone ein Lied von Shakira an und schwing für 30 Sekunden deine Hüften, als hättest du nie etwas anderes gemacht! :)

ECHTER FUßBALLPROFI?

Du bist ein Fußballprofi und tust so, als würdest du einen Fußball in der Luft halten. Du schaffst es, den Ball 10x hochzuhalten, bis du plötzlich den Ball beim 11. Mal in dein Gesicht schießt.

Das tut bestimmt weh!

DIE KOCHSHOW

Du bist Koch-Master in einer Kochshow und bittest deine Mitspieler, eine leckere Suppe zuzubereiten (natürlich keine echte Suppe).

Jeder Mitspieler gibt mindestens eine verrückte Zutat dazu und erklärt, warum diese auf keinen Fall in der Suppe fehlen darf.

Als Profi-Koch und Moderator leitest du deine Lehrlinge natürlich fachgerecht an und kommentierst die Zubereitung ihrer etwas ungewöhnlichen Suppe! :)

Die große Verwandlung

Verwandle dich in einen „alten Mann“ oder eine „alte Frau“.

Verwende dazu alles, was dir zur Verfügung steht - z.B. kannst du die Haare zu einem Knoten binden, deine Stimme verändern, ein Kissen unter deine Kleidung stecken, usw.

In dieser Rolle bleibst du für die nächsten zwei Runden.

Karaoke-Star

Begeistere dein Publikum, indem du mit deinen Gesangskünsten dein Lieblingslied so laut wie möglich singst.

Ob du singen kannst oder nicht, ist dabei völlig unwichtig.

Solltest du den Text nicht auswendig können, kannst du das Lied auch summen oder pfeifen.

Der berühmte Schuh

Führe ein Interview mit einem deiner Schuhe, als wäre er ein berühmter Star.

Der Schuh erzählt von seinem täglichen Leben mit deinen Füßen.

Klapperschlangen

Jeder Mitspieler muss den folgenden Zungenbrecher einmal so schnell wie möglich hintereinander aufsagen, während alle gleichzeitig einen Schluck Wasser im Mund haben:

„Es klapperten die Klapperschlangen, bis ihre Klappern schlapper klangen."

Die Zombie-Apokalypse

Verhalte dich für 30 Sekunden wie ein hungriger Zombie.

Die anderen Mitspieler können währenddessen ein beliebiges Lied abspielen.

Make-me-move

Du beginnst mit einem Tanzschritt oder einer lustigen Bewegung.

Nun muss die nächste Person deine Bewegung wiederholen und eine eigene Bewegung hinzufügen, bis jeder Mitspieler eine eigene Bewegung zur Kette beigetragen hat.

Zum Schluss müssen alle Mitspieler die gesamte Bewegungskette noch einmal gemeinsam nachmachen.

Storymix

Erfinde eine kurze und lustige Geschichte mit drei beliebigen Dingen oder Personen.

Diese dürfen sich die anderen Mitspieler für dich aussuchen.

Dabei kannst du deiner Fantasie freien Lauf lassen!

Breakdance

Die anderen Mitspieler können sich ein Lied aussuchen, zu dem du 1 Minute lang Breakdancen musst.

Der gesprächige Pinguin

Bewege dich für eine Minute wie ein tollpatschiger Pinguin und beantworte dabei die Fragen, welche dir von deinen Mitspielern gestellt werden.

Der Papagei

Suche dir einen Mitspieler aus und wiederhole für die nächsten 3 Runden alles in einer lächerlichen Stimme, was dieser Mitspieler sagt.

DIE WORTKETTE

Du beginnst eine Geschichte mit einem Wort und der Spieler links neben dir fügt der Geschichte ein Wort hinzu.

Dies macht ihr über 5 Runden, bis jeder Mitspieler der Geschichte 5 Wörter hinzugefügt hat.

Das ist euch nicht genug? Dann könnt ihr gerne noch weitere Runden spielen!

WORTAKROBATIK

So ihr Wortakrobaten! Jeder Mitspieler muss der Reihe nach ein Wort mit dem nächsten Buchstaben des Alphabets sagen.

Beispiel: Der erste Spieler sagt Affe (A) und der nächste sagt Biene (B) etc.

Das Besondere daran: Alle Mitspieler müssen währenddessen einen Schluck Wasser im Mund haben!

Das Pfeif-Konzert

Pfeife einen bekannten und lustigen Song nach, während die anderen Mitspieler versuchen müssen, diesen zu erraten.

Singe meinen Song

Deine Mitspieler wählen ein Karaoke-Lied (z.B. über YouTube) in einer anderen Sprache aus, das du singen musst.

Wie gut schaffst du es, dieses Lied mit Hilfe des Texts mitzusingen?

Meine Botschaft

Schreibe eine kurze und witzige Nachricht an dein zukünftiges Ich in 20 Jahren und lies sie deinen Mitspielern laut vor.

AUGE ODER OHR?

Suche dir einen Mitspieler aus und stelle die folgende Frage:

„Würdest du eher ein drittes Auge oder ein drittes Ohr haben?“

Egal was die Antwort ist, der Mitspieler muss mit seiner Hand ein Auge oder ein Ohr formen und zeigen, wo am Körper er sein neues Hör- oder Sehorgan gerne hätte.

PANTOMIME-STAR

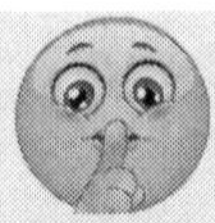

Stelle folgende Handlung nur mit Pantomime dar. Du darfst dabei kein Wort sagen und deine Mitspieler müssen erraten, was du vormachst.

Sobald ein Mitspieler das Wort errät oder lacht, ist die Runde vorbei.

Das stellst du pantomimisch dar: Einen Skispringer.

BUCHSTABENSALAT

Buchstabiere ein Wort, indem du jeden Buchstaben mit deinem gesamten Körper formst.

Die Aufgabe der anderen Spieler ist es das Wort zu erraten, ohne dabei zu lachen.

FREEZY MOMENT

Die anderen Mitspieler suchen sich eine Pose für dich aus.

Nun nimmst du diese Pose für zwei Minuten ein und tust so, als ob du eingefroren wärst.

Schaffst du in dieser Pose zu bleiben, ohne zu lachen?

ZAHME ZIEGEN

Lies den folgenden Zungenbrecher 5 x so schnell wie möglich hintereinander vor, während du Hampelmänner machst:

„Zehn zahme Ziegen ziehen zehn Zentner Zucker zum Zoo."

WAHRHEIT ODER PFLICHT?

Du darfst jeden Mitspieler fragen, ob sie Wahrheit oder Pflicht möchten.

Bei Wahrheit stellst du ihnen eine lustige Frage, bei Pflicht müssen sie etwas Lustiges machen.

Wie kreativ bist du? :)

WER WIRD MILLIARDÄR?

Du moderierst die Sendung „Wer wird Milliardär?" und stellst einem deiner Mitspieler die 1 Milliarde Euro-Frage:

Frage: „Was kommt aus einer kaputten Kaffeemaschine?"

Die Antwort ist: „Ein Kaputtcino."

Wenn der Mitspieler die Antwort weiß, überweise ihm die eine Milliarde Euro. Wenn nicht, geht er mit Null Euro nach Hause.

GESICHTSAUSDRÜCKE IMITIEREN

Der jüngste Mitspieler muss ein Foto oder Video von einem lustigen und übertriebenen Gesichtsausdruck im Internet raussuchen. Deine Aufgabe ist es, diesen Gesichtsausdruck so genau wie möglich nachzumachen.

VERRÜCKTER FITNESSTRAINER

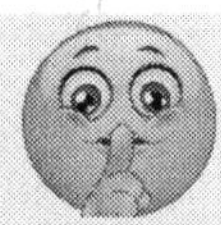

Tu so, als wärst du im Fitnessstudio und mache 3 seltsame Übungen.

Dabei erklärst du deinen Mitspielern, warum diese für das Muskelwachstum so wichtig sind.

STARRING-CONTEST

Zwei Mitspieler schauen sich für 1 Minute in die Augen und dürfen nicht lachen.

Wer zuerst lacht, verliert!

LOL

JA-NEIN-VERBOT

Suche dir einen Mitspieler aus und stelle ihm die folgenden 5 Fragen. Sage ihm, dass die Fragen nicht mit „Ja" oder „Nein" beantwortet werden dürfen:

„Hast du schon mal deine Nase mit der Zunge berührt?"

„Würdest du einen Becher mit flüssiger Mayonnaise trinken, wenn du dadurch fliegen könntest?"

„Hast du beim Duschen schon mal daran gedacht, dass dich ein unsichtbarer Außerirdischer beobachten könnte?"

„Würdest du den ganzen Tag wie eine Katze miauen, wenn man dir dafür 1 Millionen Euro geben würde?"

„Meinst du es wäre besser, wenn wir statt Füßen Hände hätten und umgekehrt?"

Stets in Bewegung

Jogge für die Dauer der nächsten Runde auf der Stelle und führe dabei trotzdem die nächste Aufgabe durch, falls du musst.

Ein bisschen Sport kann ja nicht schaden, oder?

Mit den Händen sehen

Verbinde dir die Augen und versuche dabei ein von den anderen Mitspielern gewähltes Objekt nur durch Berührung zu identifizieren.

Was meinst du, wie gut ist dein Tastsinn?

Blinder Chat

Schicke einem der Mitspieler eine Nachricht mit verbundenen Augen.

Der Mitspieler muss diese dann vorlesen.

Wie gut kennst du deine Tastatur?

Aus dem Bett gefallen

Der frühe Vogel ... wer mag diesen Spruch schon gerne hören? :)

Du spielst deinen Mitspielern vor, wie du heute Morgen aufgestanden bist und was du danach so alles gemacht hast.

Nimm dir dafür gerne so viel Zeit, wie du brauchst.

Es soll so rüberkommen, als würden sie an diesem Morgen in deinem Zimmer stehen und dir dabei zusehen.

Du darfst es auch gerne etwas dramatisieren! :)

Silly Walks

Du hast es geschafft und wurdest endlich zum Beamten berufen: Im Ministerium für alberne Gänge!

Nun lässt du deine Mitspieler an deinem Berufsalltag teilhaben. Du erzählst, dass du ihnen nun zeigen wirst, was ihr bei der Arbeit den ganzen Tag über so treibt.

Dann führst du ihnen einen total albernen Gang vor und sagst, dass du damit dein Geld verdienst.

Der Schnarchsong

Deine Aufgabe ist es, ein bekanntes Lied deiner Wahl nur durch Schnarchgeräusche darzustellen.

Flotter van Gogh

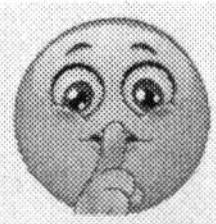

Zeichne innerhalb einer Minute irgendetwas, das die anderen Mitspieler für dich aussuchen.

Am Ende stellst du allen Mitspielern dein Gemälde künstlerisch vor und erklärst ihnen, warum es 25.000€ wert ist.

Funny Pics

Jeder Mitspieler zeigt den anderen Mitspielern das lustigste Foto, das sie auf dem Smartphone haben.

Sollte jemand kein Smartphone dabeihaben, muss er so lange laut Schäfchen zählen, bis die Runde vorbei ist.

Des Rätsels Lösung

Suche dir einen Mitspieler aus, stelle die folgenden Fragen und sie müssen die Antwort erraten:

Frage: „Wer hört alles und sagt nichts?“

Antwort: „Das Ohr.“

Frage: „Wie viele Erbsen passen in ein leeres Glas?“

Antwort: „Eine, danach ist das Glas nicht mehr leer.“

Frage: „Was wird beim Trocknen nass?“

Antwort: „Ein Handtuch.“

Wenn alle Fragen richtig beantwortet wurden, muss der Mitspieler einen Siegestanz machen.

Selbstporträt

Mache ein Selfie von dir und im Anschluss hast du 1 Minute Zeit, es mit Filtern lustig zu gestalten.

Solltest du kein Smartphone dabeihaben oder keine Apps mit Filterfunktion, darfst du dir einen Mitspieler aussuchen, der das für dich übernimmt. :)

Schattenspiele

Du bist Meister der Schatten und führst deinen Mitspielern nun dein bestes Stück vor.

Versuche mit deinen Händen den Schatten von einem Hund oder einer Katze zu erzeugen und mache die passenden Geräusche dazu.

Immer in Balance

Nehme irgendeinen Gegenstand und versuche, diesen für 10 Sekunden auf deinem Mund oder deine Nase zu balancieren.

Solltest du es nicht schaffen, musst du für die nächste Runde mit einer Piepsstimme sprechen.

Bist du kitzelig?

Kitzle dich selbst 30 Sekunden lang und versuche, dabei nicht zu lachen.

Hokus Pokus – Jetzt ist Schluss ... mit lustig!

Du erzählst deinen Mitspielern, dass du ein großer Magier bist und nun einen Zauberspruch aufsagen wirst, der sie zum Lachen bringen wird:

„Hokus Pokus Fidibus, dreimal schwarzer Kater,

Hexenwichtel und Zaubergeister, ich bin hier der Zaubermeister,

Dümpelmoos und Wabberbienen gleich ist hier was erschienen,

Knattergold und Ziegenhaar: Erst war es weg und nun ist es da,

Alakasam, Alakaseck und schon wieder ist es weg,

dieser Zauber dauert keine Stunden, was gerade da war ist jetzt verschwunden!"

Falls jemand lacht, sagst du: „Dank der Macht der Zauberkraft ist es nun vollbracht!"

It's Facetime!

Rufe einen Mitspieler mit einem Videoanruf an. Dann unterhaltet ihr euch eine Minute lang über das Spiel LOL und erzählt euch, worüber ihr am liebsten gelacht hättet.

Gruppen-Selfie

Macht alle gemeinsam ein Selfie, bei dem ihr eine Grimasse schneidet.

Danach schaut ihr euch das Kunstwerk gemeinsam an und wählt einen Sieger.

Beachtet: Es ist nur ein Versuch erlaubt!

Seifenblasen-Challenge

Tue so, also würdest du ganz viele Seifenblasen machen und deine Mitspieler müssen diese zum Platzen bringen.

STILLE POST

Ihr spielt eine Runde „Stille Post“.
Du flüsterst einem Mitspieler etwas ins Ohr und dieser dem nächsten Mitspieler usw. Der letzte spricht das Wort dann laut aus.

Dieses Wort flüsterst du deinem Mitspieler ins Ohr:

„Arbeiterunfallversicherungsgesetz“

Wenn der letzte Mitspieler das Anfangswort nicht korrekt ausspricht, darfst du in der nächsten Runde nur flüstern.

SCHUL-RANDOMIZER

Welche Note hast du in deiner letzten Klausur in der Schule geschrieben?

Blättere die Anzahl der Note nach vorne und mache eine Aufgabe deiner Wahl auf dieser Seite.

Beispiel: Du hast eine 3 geschrieben und musst 3 Seiten nach vorne blättern.

Und der Oskar geht an ...

Spiele besonders albern eine Szene aus einem Film nach.

Im Idealfall ist es eine Komödie! :)

La-Ola-Welle

Führe mit deinen Mitspielern 5 Lo-Ola-Wellen durch und dabei singt ihr.

Dazu denkt ihr euch eine lustige Parole aus, die ihr währenddessen singt.

Reim-Challenge

Sage einen Satz deiner Wahl.

Der nächste Spieler links von dir muss dann einen weiteren Satz sagen, wo sich das letzte Wort auf das Wort deines Satzes reimt.

So macht ihr nacheinander weiter,
bis einem Spieler kein Reim mehr auf den vorherigen einfällt.

DER FLOTTE METZGER

Versende eine Sprachmemo an einen deiner Mitspieler. Dieser spielt deine Sprachmemo dann mit der höchsten Geschwindigkeit ab.

Lies den folgenden Zungenbrecher 3x so schnell wie möglich hintereinander vor und sende dann die Sprachmemo ab:

„Der Metzger wetzt das Metzgermesser mit des Metzgers Wetzstein. Mit des Metzgers Wetzstein wetzt der Metzger sein Metzgermesser."

Bedenke dabei, dass du nur einen Versuch hast.

SPRECHENDE HÄNDE

Du wirst es nicht glauben, aber deine Hände können sprechen! Und das zeigst du deinen Mitspielern!

Lass deine beiden Hände ca. 30 Sekunden lang miteinander sprechen. Du bewegst sie dabei wie Puppen und gibst ihnen unterschiedliche Stimmen.

Sie unterhalten sich über das heutige Wetter. Eine Hand ist dabei sehr gut gelaunt und die andere sehr grimmig.

Es ist immer Zeit für Sauberkeit!

Tue so, als wärst du ein Staubsauger. Du saugst nun den Raum schön sorgfältig durch.

Gib dem Staub keine Chance!

Das Regelwerk

Erkläre deinen Mitspielern die Regeln dieses Spiels, mit geschlossenem Mund! :)

Seilziehen

Teilt euch untereinander in zwei Gruppen auf und tretet gegeneinander im Seilziehen an. Natürlich mit einem unsichtbaren Seil!

Dazu legt ihr einen Gegenstand zwischen die beiden Teams, der die Mitte darstellt.

Mögen die Stärkeren gewinnen! :)

BABYFON

Du bist Mutter oder Vater und dein kleines Baby schläft seelenruhig in seinem Bettchen … denkst du!

Plötzlich hörst du durch dein Babyfon, wie es weint!

Nun versuchst du es in Baby-Sprache zu beruhigen, damit es wieder sanft einschläft.

Wähle einen Mitspieler aus, der das Baby spielt und du versuchst es durch dein Babyfon (dein Smartphone) zu beruhigen.

Das Ganze geht 30 Sekunden lang, viel Erfolg! :)

SPIEGELGESPRÄCH

Benutze einen Spiegel, um mit dir selbst zu sprechen. Verwende dabei zwei unterschiedliche Stimmen.

Wenn du keinen Spiegel zur Hand hast, kannst du die Frontkamera deines Smartphones benutzen.

Jetzt kannst du dir alles sagen, was du dir schon immer sagen wolltest! :)

ZEITLUPEN-TRICK

Wusstest du, dass du langsamer alterst, wenn du dich in Zeitlupe bewegst?

Deine Aufgabe ist es nun, dich die nächsten beiden Runden nur noch in Zeitlupe zu bewegen und zu sprechen.

REAL MOONWALK

Du hast es geschafft und darfst zum Mond reisen! :)

Übe vor deinen Mitspielern deine ersten Schritte auf dem Mond und sage am Ende einen Satz, den die Menschheit nie vergessen wird!

TRAUST DU DICH!?

Jeder Mitspieler nennt eine Sache, die er sich jetzt vor den anderen nicht traut zu machen.

Dann macht ihr genau das nacheinander!

Denkt daran: Ohne Angst kein Mut! :)

Unsichtbarer Hund

Tue so, als hättest du einen unsichtbaren Hund an der Leine, für den du dir einen lustigen Namen ausdenken kannst.

Dein Hund ist sehr verspielt und du führst ihn zu deinen Mitspielern, damit sie ihn streicheln und mit ihm spielen können.

Du entscheidest, wann dein Hund genug davon hat und sich in sein Bettchen legen möchte, um zu schlafen! :)

Bücher-Balance

Nehme ein Buch und versuche, dieses einige Meter auf deinem Kopf zu balancieren, ohne dass es runterfällt.

Für Fortgeschrittene: Du darfst es auch gerne mit mehreren auf einmal versuchen! :)

Hast du kein Buch zu Hand, dann machst du es mit einem anderen Gegenstand.

VOLL KINDISCH!

Haltet euch alle zusammen an den Händen und singt ein fröhliches Kinderlied eurer Wahl.

Wenn euch keines einfällt, dürft ihr das Internet zur Hilfe nehmen.

GEISTESBLITZ

Jeder Mitspieler erzählt den anderen, welchen Gedanken er in diesem Moment hat.

Was euch gerade wohl so durch den Kopf geht?! :)

EXCUSE ME

Du bist zur Unverständlichkeit verdammt. Die nächsten 3 Runden tust du so, als würdest du deine Mitspieler nicht mehr verstehen.

SCHWIMMABZEICHEN

Du möchtest endlich dein goldenes Schwimmabzeichen machen und musst dafür einen Tauchring aus 2 Metern Tiefe holen.

Nun nimmst du tief Luft und zeigst deinen Mitspielern, wie du mit einem gekonnten Tauchgang den Ring an die Wasseroberfläche holst.

Achte darauf, dass du kein Wasser in die Nase bekommst! :)

EISKUNSTLAUF

Du stehst kurz vor dem Finale der Meisterschaft im Eiskunstlauf.

In einer Generalprobe zeigst du deinen Mitspielern jetzt einen einstudierten Lauf, mit dem du deine Gegner aufs Eis führen möchtest.

Und: Vorsicht, Rutschgefahr! :)

LINKS REIN – RECHTS WIEDER RAUS

Du tust so, als würdest du einen unsichtbaren Faden in dein linkes Ohr einführen und es aus deinem rechten Ohr wieder herausziehen.

Dabei machst du ein komisches Gesicht und wunderst dich darüber, wie es funktioniert.

SCHLUCKAUF AHOI!

Da hilft auch Luft anhalten nicht!

Die nächsten 2 Runden hast du entsetzlichen Schluckauf und nichts hilft dabei, diesen zu beenden.

EIN LAUTER KNALL

Verhalte dich so, als würdest du einen riesigen Luftballon aufblasen.

Plötzlich platzt er und du erschreckst dich ganz doll!

LIPPENAKROBAT

Lese den untenstehenden Text vor. Ein Mitspieler deiner Wahl muss deine Lippenbewegungen dabei nachmachen, ohne zu sprechen.

Die anderen Mitspieler sind die Jury und bewerten das Nachahmungstalent deines Lippen-Synchronsprechers. :)

Lese den folgenden Text vor, den dein Mitspieler nur mit seinen Lippen nachspricht:

„Immer, wenn die tütelige Tee Tante den Tee in die Kaffeetüte getan hatte, tütete die patente Nichte der Tee Tante den Tee von der Kaffeetüte in die Tee Tüte um.“

WER HAT GESPROCHEN?

Du bist professioneller Bauchredner und möchtest deinen Mitspielern dein Talent nun vorführen.

Nehme einen passenden Gegenstand, im Idealfall ein Kuscheltier oder eine Pupe, und stelle deine Kunst zur Schau.

Dabei vergisst du aber absichtlich, deine Lippen stillzuhalten! :)

Das Schuhphone

Du bist voll im Business und hast jetzt ein wichtiges Geschäftsmeeting, jedoch hast du dein Telefon gerade nicht zur Hand.

Deshalb führst du dieses Meeting auf eine lustige Art und Weise mit deinem Schuh durch.

Eine rutschige Angelegenheit

Bewege dich durch den Raum und tue so, als würden auf dem Boden viele Bananenschalen rumliegen, auf denen du dauernd ausrutscht.

Du fällst aber nicht hin, weil du immer gerade noch so das Gleichgewicht halten kannst.

Dein Zwilling

Suche einen Mitspieler aus und mache ihm für eine Runde alles nach:

Du bewegst dich und redest, wie dein Mitspieler.

DAS VERGESSENE „R“

Lese deinen Mitspielern die folgende Geschichte vor und achte darauf, dass du den Buchstaben „R“ nicht aussprechen darfst!

„Ich reise gerne durch die Welt, weil mir das so sehr gefällt! Dabei lerne ich viele neue Menschen kennen und erlaube mir, oft zu verpennen. Hach ist es schön, die Welt zu bereisen, denn dabei bin ich frei, froh und friedlich zugleich! Dazu kann ich euch nur raten!“

LACHEN ERLAUBT!?

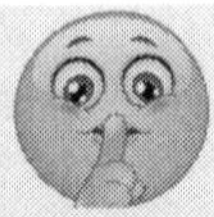

Sage deinen Mitspielern, dass du nun einen richtig lustigen Witz erzählen wirst und du dich dann darüber kaputtlachst.

Du erzählst den Witz und lachst, natürlich ohne ein Geräusch dabei zu machen und deine Mundwinkel zu verziehen!

Diesen Witz erzählst du: „Mir laufen sowohl Frauen als auch Männer hinterher!“ – Thorsten (36, Busfahrer)

Verkehrte Welt

Du suchst dir einen Mitspieler aus und erzählst ihm etwas Lustiges und guckst dabei traurig.

Dein Mitspieler wiederum erzählt einem anderen Mitspieler dann etwas Trauriges und guckt dabei glücklich.

Let's get ready to rumble!

Suche dir einen Mitspieler aus, mit dem du in den Ring steigst.

Ihr führt einen unsichtbaren Boxkampf durch, ohne euch dabei zu berühren. Möge der Bessere gewinnen!

Dein neues Buch

Alle Spieler erfinden einen lustigen oder verrückten Buchtitel und erklären den anderen Mitspielern, worum es in ihrem Buch geht.

Findet sich ein neuer Stern am Autorenhimmel?

IM FREIZEITPARK

Erzähle deinen Mitspielern, dass du letztens im Freizeitpark warst und auf einer richtig coolen Achterbahn gefahren bist.

Damit sie dir auch glauben, wie cool das war, spielst du ihnen die Achterbahnfahrt nach.

Vergiss dabei die 5 Loopings nicht! :)

TANZENDER FLAMINGO

Du hast eine neue Tanz-Technik entwickelt: Der tanzende Flamingo!

Deine Mitspieler dürfen sich ein Lied aussuchen, zu dem du den tanzenden Flamingo machst.

Beachte: Dieser Tanz wird auf einem Bein gemacht! :)

Die Gurgler

Alle Spieler nehmen nacheinander einen Schluck Wasser in den Mund und gurgeln damit so laut sie können.

Na, wer lacht zuerst?

Hula-Hoop

Verhalte dich so, als würdest du einen Hula-Hoop-Reifen mit deinem Becken schwingen.

Lasse dabei deiner Leidenschaft freien Lauf!

Heiliges Kanonenrohr

Stelle dir vor du bist ein übermüdeter Pfarrer/ Priester und hältst eine langweilige Predigt in der Kirche.

Schaffst du es, deine Mitspieler zum Lachen zu bringen?

Klatschwettbewerb

Klatsche in einer bestimmten Reihenfolge in die Hände und ein Mitspieler deiner Wahl muss das genauso wiederholen, wie du es gemacht hast.

Dann denkt sich dieser eine eigene Reihenfolge aus, wie er in die Hände klatscht und wählt den nächsten Mitspieler, der das nachmachen muss.

Das geht so lange, bis jeder einmal an der Reihe war.

Lieblingslehrer

Beschreibe einen Lehrer von dir, den du nicht so gerne magst.

Erkläre dann, was dir überhaupt nicht an ihm / ihr gefällt und am Ende sagst du:

„Ich habe (Name des Lehrers) sehr lieb und wünsche mir, mit ihm/ ihr auf Weltreise zu gehen!“

Das Hausferkel

Verhalte dich wie ein Ferkel und laufe auf allen Vieren um die anderen Mitspieler herum, während du gleichzeitig grunzend dein Lieblingsessen beschreibst.

Ommm!

Setze dich in einen Schneidersitz auf den Boden und tue so, als ob du meditierst.

Dabei bist du allerdings nicht komplett still, sondern machst komische und verrückte Geräusche.

Telepathie pur!

Versuche zu erraten, was die Person links neben dir denkt.

Wie gut sind deine telepathischen Fähigkeiten?

FUNNY GHOSTS

Du gehörst zu den Auserwählten, die mit Geistern in einer anderen Dimension Kontakt aufnehmen können.

Und genau das tust du jetzt: Du beschwörst die Geister und lauscht ihnen aufmerksam zu, wie sie seltsame und verrückte Dinge sagen.

Man kann dir sehr gut ansehen, wie verrückt die Gespräche der Geister sind.

SCHAMANISMUS

Du bist ein Schamane im Amazonas-Wald und überzeugst deine Mitspieler von deinen Fähigkeiten.

Du möchtest deinen Mitspielern ewiges Glück und Liebe schenken und dies machst du mit einem Freudentanz.

Tanze nun wie ein Schamane und beglücke deine Mitspieler mit deinem besonderen Tanz.

Einfach liegen

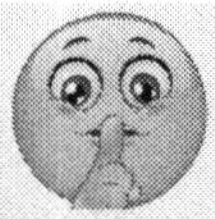

Lege dich auf den Boden und zähle leise bis 30.

Wenn deine Mitspieler fragen, was du machst, antworte: „Ich brauch ne kurze Pause“.

Das Gruppenbild

Nehmt euch ein Blatt Papier und erstellt ein Kunstwerk.

Dabei muss jeder Spieler der Zeichnung abwechselnd einen Strich hinzufügen.

Was wohl dabei rauskommt?

Flacher geht's nicht

Lese den folgenden Witz vor, während du einen Schluck Wasser im Mund hast:

„Egal, wie gut du fährst, Züge fahren Güter.“

ACHTUNG: HEIßE KARTOFFEL!

Ihr gebt euch eine unsichtbare heiße Kartoffel weiter und tut dabei so, als wäre sie gerade frisch vom Lagerfeuer genommen worden.

Dies macht ihr, bis jeder drei Mal die heiße Kartoffel in der Hand hatte.

Autsch, ist das heiß! :)

IT'S PIZZATIME!

Ihr seid alle richtig hungrig und nun gibt es endlich eine riesen große Familienpizza, die natürlich aus Luft besteht!

Ihr esst diese Pizza genüsslich auf und man sieht euch richtig an, wie lecker sie ist!

Lasst sie euch schmecken! :)

Im Trockenen

Stelle deinen Mitspielern die folgende Scherzfrage:

Frage: „Vier Kinder stehen unter einem großen Regenschirm. Warum wird keines davon nass?“

Antwort: „Weil es nicht regnet.“

Der Elefanten-Walk

Verhalte dich für eine Minute wie ein Elefant und deine rechte Hand ist der Rüssel.

Damit beschnupperst und kitzelst du deine Mitspieler.

Schaffst du es, jemand anderes zum Lachen zu bringen?

Misslungener Handshake

Suche dir einen Mitspieler aus, dem du gerne die Hand schütteln möchtest.

Ihr versucht euch gegenseitig die Hände zu schütteln, das haut jedoch nicht hin, weil ihr euch dauernd verfehlt.

Wie lange es wohl dauert, bis ihr euch erfolgreich die Hände geschüttelt habt? :)

Ich hab noch nie...

Mache eine Aussage in der Form „Ich hab noch nie…".

Beispiel: „Ich hab noch nie eine Pizza ohne Käse gegessen."

Sollte einer oder mehrere Spieler die von dir genannte Sache allerdings schonmal gemacht haben, müssen sie sich melden und 5 Hampelmänner machen.

Nun ist der nächste Spieler links von dir dran und nennt eine Sache, die er noch nie gemacht hat.

Das macht ihr, bis einmal jeder Mitspieler an der Reihe war.

Welches Tier bin ich?

Jeder Mitspieler sagt der Reihe nach, welchem Tier du am meisten ähnelst.

Du machst dieses Tier dann mit Geräuschen nach.

Das Kreuzverhör

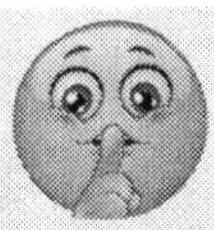

Erkläre deinen Mitspielern, dass sie dich für eine Minute lang fragen sollen, wie du dir gestern den Tag vertrieben hast.

Du musst jede Frage beantworten: Mit weit geöffnetem Mund!

Da Vincis Erbe

Suche dir einen Mitspieler aus, der dir etwas auf deine beiden Handflächen malen darf.

Du darfst es bis zum Ende des Spiels nicht entfernen.

Was war zuerst da?

Suche dir einen Mitspieler aus, mit dem du ein tiefgründiges Gespräch führst.

Dieses Gespräch führt ihr 2 Minuten lang.

Ihr diskutiert darüber was zuerst da war, das Huhn oder das Ei?

Das Schneckenrennen

Alle Mitspieler führen ein Rennen über 2 Meter durch und das im Schneckentempo.

Versucht dabei so langsam wie möglich und gleichzeitig zielsicher das Rennen zu gewinnen.

Aber: Im Schneckenhaus verstecken geht nicht!

Erkenntnisse

Du erzählst den Mitspielern, dass du einen Städtetrip nach Essen gemacht und dort etwas Interessantes beobachten konntest:

„Wenn Hessen in Essen Essen essen, essen Hessen Essen in Essen."

Griechische Götter

Du fragst deine Mitspieler, wie der griechische Gott des herumliegenden Zeugs heißt.

Wenn niemand die Antwort weiß, löst du auf: Er heißt „Zeuchs".

Die seltene Skulptur

Stelle dich hin und bleib still stehen, als wärst du eine Statue.

Mache dabei eine lustige Pose. Die anderen Spieler müssen dich nun innerhalb von 2 Minuten abzeichnen.

Wer zeichnet das lustigste Bild?

Seltsame Geräusche

Du machst ein leises Geräusch mit deinem Mund und der Mitspieler rechts von dir macht dieses Geräusch nach, nur etwas lauter!

Der Spieler rechts neben ihm macht dieses Geräusch auch nach und das wiederum ein kleines bisschen lauter.

Das macht ihr, bis jeder zwei Mal dran war.

Der dicke Dachdecker

Versende eine Sprachmemo an eine beliebige Person aus deiner Kontaktliste.

Lies dabei den folgenden Zungenbrecher zwei Mal so schnell wie möglich hintereinander vor und sende dann die Sprachmemo ab:

„Der dicke Dachdecker deckt dein Dach, drum dank dem dicken Dachdecker, dass der dicke Dachdecker dein Dach deckte."

Zwei Wahrheiten und eine Lüge

Jeder Mitspieler macht drei Aussagen über sich selbst. Davon sind zwei wahr und eine ist gelogen.

Die anderen Spieler müssen erraten, welche davon die unwahre ist.

Rollenspiel

Suche dir einen Mitspieler aus, mit dem du ein Kleidungsstück tauscht.

Gleichzeitig tauscht ihr von nun an für die nächsten 3 Runden die Rollen und imitiert dabei den anderen.

Jaaa-woll!

Alle Mitspieler machen einen Wettbewerb, wer am längsten das Wort „Ja" aussprechen kann, ohne dabei Luft zu holen.

Der Verlierer muss einen Freudentanz aufführen, als hätte er gewonnen.

Voll am Slacken

Dein liebstes Hobby ist es, auf einer Slackline zu balancieren und dein Talent möchtest du deinen Mitspielern jetzt unbedingt vorführen!

Leider hast du deine Slackline vergessen! Das macht aber nichts, da du es ihnen mit einer imaginären genauso gut vormachen kannst! :)

Führe deinen Mitspielern auf einer unsichtbaren Slackline dein Balance-Talent vor!

Die große Frage

Stelle die 1 Millionen-Frage:

„Ein ausgewachsener Mensch besitzt normalerweise über rund 200…?“

A. Gehirnzellen

B. Knochen (richtige Antwort!)

C. Muskeln

D. Gelenke

Der erste Spieler, der die Frage richtig beantwortet, muss eine Aufgabe aus diesem Buch machen, die du ihm aussuchen darfst.

TELE-PANTOMIME

Du rufst jemanden aus deiner Kontaktliste an und führst das Gespräch nur mit Lauten und Geräuschen, es sind keine Worte erlaubt!

NIMM 2

Du führst ein Selbstgespräch und hast dabei zwei Persönlichkeiten.

Du bist ein Fußballmoderator und Spieler zugleich.

In dem Gespräch geht es darum, dass du beim WM-Finale 3 Elfmeter danebengeschossen hast.

FLACHWITZ-CHALLENGE

Holt euch einen Elternteil oder einen anderen Erwachsenen, der den folgenden Witz für euch vorlesen muss:

„Zu welchem Arzt geht Pinocchio?" – Zum Holz-Nasen-Ohren-Arzt."

Das Bowling-Finale

Ihr seid alle Bowling-Profis und tretet gegeneinander bei der international Bowling-Weltmeisterschaft an.

Jeder von euch führt einen Wurf durch (natürlich ohne echte Kugel) und wirft einen Strike!

Von dem Moment an, an dem ihr euch die Kugel schnappt, bis zum Anlauf und dem Wurf sieht man euch richtig an, dass ihr wahre Bowling-Profis seid!

Nachdem ihr einen Strike geworfen habt, lasst ihr eurer Freude freien Lauf!

Ihr dürft auch einen Freudentanz aufführen!

Gut Holz! :)

KI-Imitator

Erzähle deinen Mitspielern, wie dein Tag gestern war.

Dabei redest du wie ein Roboter und gehst nicht auf Fragen der Mitspieler ein und redest einfach weiter.

VORSICHT, BISSIGER HUND!

Du machst deinen Traumjob: Briefe austragen! Wenn da nur nicht immer die bissigen Hunde wären.

Tue so, als würdest du ein Grundstück betreten und dein Weg wird von einem knurrigen Hund gekreuzt, der dich nicht zum Briefkasten vorbeilassen möchte.

Du besänftigst den Hund mit netten Worten und gibst ihm ein Stück Mortadella, damit der Brief sein Ziel erreicht und du unbeschadet das Grundstück verlassen kannst.

Es ist ein Kampfhund mit dem Namen „Flöckchen"! :)

Deine schlimmste Urlaubsgeschichte

Du erzählst den anderen Mitspielern von der peinlichsten Sache, die dir in einem Urlaub passiert ist.

Dabei tust du so, als wäre es das schönste gewesen, das dir je passiert ist.

Der Bierbrauer

Lies den folgenden Zungenbrecher 3x so schnell wie möglich hintereinander vor.

Wenn du es fehlerfrei schaffst, muss ein Mitspieler deiner Wahl einen Purzelbaum machen:

„Bierbrauer Bauer braut braunes Bier, braunes Bier braut Bierbrauer Bauer."

HOLE-IN-ONE!

Du bist Golf-Profi, stehst vor dem letzten Loch und bereitest dich auf deinen finalen Schlag im Finale vor.

Führe den Schlag durch und schaue zu, wie der Ball über 70 Meter in Richtung Loch fliegt, auf dem Rasen landet und langsam aber sicher ins Loch kullert.

Du hast es geschafft, ein Hole-in-one!

Feiere deinen Siegesschlag wie ein waschechter Profi!

OH NEIN, WIE PEINLICH!

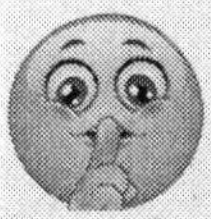

Was ist das Peinlichste, das du jemals erlebt hast?

Beantworte die Frage im Stillen und behalte die Antwort für dich.

Gib den anderen Spielern 3 mögliche Erlebnisse, wovon allerdings nur eines wirklich passiert ist.

Wer errät das, was dir wirklich passiert ist?

YOUNG-RANDOMIZER

Der jüngste Mitspieler muss sich eine Zahl zwischen 1 und 10 ausdenken.

Sobald dein Mitspieler dir seine Zahl sagt, musst du die Anzahl an Seiten nach vorne blättern und eine Aufgabe deiner Wahl von dieser Seite machen.

EINE GENIALE IDEE

Du hast eine neue Geschäftsidee: Ein Solarium in der Sahara!

Nun denkst du dir eine total irre und lustige Werbung dafür aus, mit der du deine Mitspieler von deiner neuen coolen Geschäftsidee überzeugst.

STILLER BERUF

Denke an einen Beruf deiner Wahl.

Diesen musst du nun mit Pantomime deinen anderen Mitspielern erklären.

Dabei darfst du natürlich keinerlei Worte oder Laute benutzen.

FORMEL 1

Es ist das große Rennen von Monaco und du bist am Steuer deines Formel 1-Wagens.

Du befindest dich ganz vorne und es ist nur noch eine Runde zu fahren, deine Gegner sind direkt hinter dir und versuchen dich zu überholen.

Fahre die letzte Runde zu Ende und gewinne das Rennen!

Dabei imitierst du die Fahrt so, als würdest du wirklich im Rennwagen sitzen. Mit deinem Mund machst du die lauten Motorengeräusche deines Rennwagens nach.

Wenn du durch das Ziel gekommen bist, ist dir die große Freude über den Sieg richtig anzusehen! :)

Alles ist ein Mikrofon

Alle Mitspieler nehmen sich nacheinander irgendeinen Gegenstand als Mikrofon und berichten den anderen kurz, was ihr verrücktester Traum war.

Der fliegende Reporter

Du musst so tun, als ob du live aus einem Helikopter berichtest.

Du berichtest über völlig bizarre und komische Ereignisse, die sich gerade unter dir auf dem Boden abspielen.

Heidi

Verhalte dich wie Heidi Klum und spreche mit einer piepsigen Stimme.

Bewerte die Frisuren deiner Mitspieler und entscheide dich, für welche Mitspieler du heute kein Foto hast.

Reise nach Jerusalem

Für dieses Spiel werden mindestens 3-4 Spieler benötigt.

Ihr benötigt einen Stuhl, der in der Mitte des Raumes steht. Ein Mitspieler spielt den DJ und sucht sich ein Lied aus.

Während das Lied läuft, müssen alle anderen Spieler um den Stuhl herumlaufen.

Sobald der DJ das Lied stoppt, müssen alle anderen Spieler versuchen sich schnellstmöglich auf den Stuhl zu setzen.

Der Spieler, der als erstes auf dem Stuhl sitzt, hat gewonnen.

Lippenlesen

Deine Mitspieler müssen sich die Ohren zu halten und du sagst leise ein lustiges Wort.

Sie müssen das Wort nur anhand deiner Lippenbewegungen erraten.

Wer kann am besten Lippenlesen?

Die nervige Fliege

Verhalte dich für die nächsten 2 Runden so, als ob eine unsichtbare Fliege um deinen Kopf herumfliegt und du versuchst, sie zu fangen.

Milchstraßen-Dance

Stelle dir vor, du hast von Aliens einen Tanz beigebracht bekommen.

Wie sieht er aus?

Führe ihn den anderen Mitspielern vor.

Lustige Musik im Hintergrund empfehlenswert!

#Selfiestyle

Gehe in einen anderen Raum und mache das lustigste Selfie, das du kannst.

Sende es anschließend deinen Mitspielern.

Sie sollen es von einer Skala 1 (unlustig) bis 10 (extrem lustig) bewerten.

Wahre Kunst

Besorge dir ein Blatt Papier und einen Stift.

Nun musst du etwas zeichnen und die anderen Mitspieler sollen es erraten.

Achtung, du darfst deine Hände zum Zeichnen nicht benutzen!

Bitte nicht lachen!

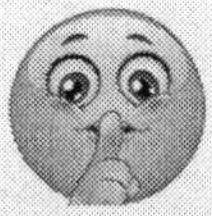

Suche dir einen Mitspieler aus und stelle die folgende Frage:

„Würdest du lieber für eine Stunde ein superdoofes Lachen anhören oder für eine Stunde gekitzelt werden?"

Wenn „superdoofes Lachen" die Antwort ist, gibst du bei YouTube „lustige Lache" ein und ihr schaut euch alle gemeinsam 2 Minuten lang das erste Video an, das angezeigt wird.

Wenn „gekitzelt werden" die Antwort ist, kitzelst du den Mitspieler für 30 Sekunden! :)

Liebes Tagebuch

Jeder nimmt sich ein Blatt Papier und schreibt einen kurzen Tagebucheintrag über den Spieler, der links von einem sitzt.

Versetzt euch dabei auch in die Person links von euch und versucht aus seiner Sicht einen lustigen und zu dieser Person passenden Tagebucheintrag zu formulieren.

Ich packe meinen Koffer

Nenne einen verrückten und lustigen Gegenstand, den du in deinen Koffer packen würdest.

Anschließend muss der Spieler links von dir deinen Gegenstand nennen und einen eigenen verrückten Gegenstand hinzufügen.

So geht ihr Reihe um, bis der erste Spieler einen Gegenstand vergessen hat aufzuzählen.

Na, wer kann sich am meisten merken, ohne zu lachen?

DAS GRUPPEN-PORTRAIT

Jeder Spieler zeichnet der Reihe nach auf einem Blatt Papier einen Teil eines Gesichts.

So fängt die erste Person mit dem linken Auge an.

Das macht ihr der Reihe nach im Uhrzeigersinn und die nächste Person zeichnet das rechte Auge.

Was da wohl rauskommt?

WER BIN ICH?

Jeder Spieler sucht sich einen Partner und schreibt für diesen einen Zettel. Auf diesem Zettel steht der Name einer bekannten Persönlichkeit.

Nun klebt ihr den Zettel auf die Stirn des Partners, ohne dass dieser den Namen sieht.

Alle Spieler müssen nun herausfinden, welche Person auf ihrer Stirn klebt, indem sie nacheinander Fragen stellen.

Sobald allerdings eine Frage von den anderen mit „Nein“ beantwortet wird, ist der nächste Spieler dran.

Schafft ihr es, ohne zu lachen?

DAS VERRÜCKTE ABC

Eure Aufgabe ist es, das ABC rückwärts zu sprechen.

Das macht ihr im Uhrzeiger Sinn der Reihe nach.

Du beginnst mit dem Buchstaben „Z“. Anschließend ist die Person links von dir dran.

Stellt euch dabei vor, dass ihr die letzte Nacht nicht geschlafen habt und sagt die Buchstaben so auf, als wärt ihr kurz vorm Einschlafen.

ROLLENTAUSCH

Jeder Spieler schreibt einen lustigen Charakter oder eine bekannte Persönlichkeit auf einen Zettel.

Anschließend werden alle Zettel vermischt und jeder Spieler zieht einen.

Nun muss jeder Spieler für die nächsten 3 Runden versuchen, die Person auf ihrem Zettel so gut wie möglich zu imitieren.

KONTAKTSEITE

Wir haben viel Zeit & Liebe in dieses Buch gesteckt und hoffen, dass es euch gefallen hat und ihr sehr viele lustige Momente erleben konntet - natürlich ohne dabei zu lachen! :)

Solltet ihr allgemeines Feedback, Fragen, Anregungen oder ein Lob für uns haben, freuen wir uns jederzeit sehr auf eine Mail von euch! Wir beantworten unsere Mails immer innerhalb von 24 Stunden.

Schreibe uns gerne eine Mail an:
kontakt@apollon-verlag.de

IMPRESSUM

Deutschsprachige Erstausgabe 2023

1.Auflage

Andreas Schreiber wird vertreten durch:

Apollon Verlag
c/o Block Services
Stuttgarter Str. 106
70736 Fellbach

ISBN-Taschenbuch: 978-3-00-076042-6

Printed in Poland
by Amazon Fulfillment
Poland Sp. z o.o., Wrocław

33160386R00068